初信者シリーズ 11

ウオッチマン・ニー著

祈り

JGW日本福音書房

祈り

聖書・・ヨハネ十六・二四、ヤコブ四・二—三、ルカ十一・九—十、詩六六・十八、マルコ十一・二四、ルカ十八・一—八

一　祈りはクリスチャンの基本的な権利である

クリスチャンには地上で一つの基本的な権利があります。それは祈りが答えられることです。あなたが再生されるや、神は一つの基本的な権利を与えられました。それはあなたが神に求めることができ、神はあなたに聞かれることです。ヨハネによる福音書第十六章は、わたしたちが主の名の中で求める時、神は答えてくださり、わたしたちの喜びが満たされると言っています。わたしたちが絶えず祈るなら、わたしたちは地上で喜んでいるクリスチャンとなることができます。

あなたがいつも祈っているのに、神はいつも聞いてくださらないとか、何年もク

リスチャンであるのに、神はあなたの祈りを一、二度しか聞いてくださらないとか、あるいは一度たりともあなたの祈りを聞いてくださらないというのであれば、それはあなたという人に大きな欠陥があることを証明していると知るべきです。クリスチャンになってから三年、五年もたつのに、一度も祈りが答えられていないとすれば、あなたというクリスチャンは駄目である、少し駄目であるだけでなく、大いに駄目であることを証明します。あなたは神の子であるのに、あなたの祈りが答えられていないなら、何はともあれ、これはあるべきでない状況です。わたしたちクリスチャンはだれでも、神に祈りを聞かれるほどにならなければなりません。どのクリスチャンもみな、何度も神に祈りを聞かれる経験をすべきです。これは基本的な経験です。多くの日を過ごしながら、まだ神に祈りを聞かれたことがないなら、あなたには神の御前で欠陥があるのです。祈りが答えられることの上では、自分を欺くことは決してできません。あるならある、なければない、うまくいったらうまくいった、駄目なら駄目です。

わたしたちはすべてのクリスチャンに、「あなたは祈りを学びましたか?」と尋ねる必要があります。神は聞かれたでしょうか? 聞かれていなければ駄目です。なぜなら、祈りは空気に向かって語ることではなく、祈りの目的は答えを得ることであるからです。答えのない祈りはむなしい祈りです。クリスチャンは、必ず祈りが答えられるように学ぶべきです。あなたはすでに主を信じているのですから、あなたの祈りは神に聞かれるはずです。神が聞かれないなら、それは役に立ちません。あなたは答えられるまで祈るべきです。祈りは、霊的養いのため以上に、神からの答えを得るためのものです。

祈りはかなり学びにくいことです。三十年、五十年とクリスチャンである人でも、まだうまく学んでいないかもしれません。祈りは本当に簡単ではありません。しかし、もう一面、祈りは人が主を信じたらすぐ祈ることができるほどに容易なのです。祈りという問題は最も深いし、また最も浅いと言ってもいいでしょう。深いと言えば、人が一生かかってもよく学ぶことができないほどに深いのです。多くの神の子たちは、死の時が来ても、まだ祈りをよく学んでいないと感じるのです。しかし、浅いと言えば、信じた直後から祈ることができ、神の答えを得ることができるほどに浅いのです。初信の時うまく開始するなら、しばしば祈りの答えを得ることができるでしょう。最初がうまくいかなければ、三年、五年たってもなお、祈りが少しも答えられないかもしれません。基礎がうまく据えられていなければ、将来挽回しようとする時、とても大きな力を要します。ですから、人は信じるやいなや、祈って神に答えられるという学びをすべきです。主を信じた人はみな、この事に注意することを、わたしたちは望みます。

二　祈りが答えられる条件

聖書の中から祈りが答えられる条件を多く探し出すことができますが、その中の基本的な条件はほんのいくつかあるだけです。もしこのいくつかの条件にしたがって行なうなら、祈りは答えられると信じます。またこのいくつかの条件は、長年祈ってきた人にも適用できると信じます。これらはすべて基本的な条件ですから、わたしたちはそれらに注意を払うべきです。

A　求める

すべての祈りはみな、神の御前で真実に求めるものでなければなりません。ある兄弟が救われた後、毎日祈っていました。ある日、一人の姉妹が彼に、「あなたは祈って神に答えられたことがありますか?」と聞きました。彼は、祈りは祈りであって、なぜ聞かれるとか聞かれないとか論じなければならないのかと、不思議に思いました。その時以来、彼は神が聞いてくださるように祈りました。彼は、神がいくつの祈りに答えられるか考えました。後ほど彼は発見したのですが、彼の祈りは空虚なもので、痛くもかゆくもなく、神は聞かれなくてもいいものだったのです。明日、太陽が出てくることを求めているようなものでした。それは祈っても出てくるし、祈らなくても出てくるのです。彼はクリスチャンになって一年でしたが、一つの祈りも神に聞かれたことはありませんでした。ひざまずいて通り一遍の言葉を発しただけで、彼は何かを求めて語ったりしていませんでした。実に何も求めなかったに等しいのです。

主は言われます、「門をたたけ、そうすれば、あなたがたに開かれる」(マタイ七・七)。壁をたたくだけでは、主は壁を開いてくださらないでしょう。真に門をたたけば、主は確かに門を開いてくださるでしょう。入りたいと言えば、主は入らせてくださいます。主は言われます、「捜せ、そうすれば、見いだす」(七節)。ここに一つの物があり、あそこに一つの物がありますが、あなたはいったい何が欲しいのですか？　あなたは一つの物を捜さなければなりません。これもいいし、あれもいいではいけません。神は、あなたが何を欲しがっているのか、何を求めているのかを知ってはじめて、あなたにそれを与えられるのです。ですから、求めるという意味は、ある特定のものを求めることです。求めるとは、捜し求める意味であり、これが門をたたくことです。例えば、今日あなたは何かが欲しければ、父親に向かってその何かを言うでしょう。薬局に行って薬を買いたければ、どういう薬かを口にするでしょう。八百屋に行って野菜を買いたければ、どういう野菜かを言うでしょう。奇妙なことに、人は神の御前に行って何が欲しいかを言わないのです。主はここで、求めなさい、しかも特定のものを求めなさいと言っておられます。求めないところに問題があります。妨げはわたしたちの側にあります。祈る時、必ず何が欠けているか、何が欲しいかを言い出さなければなりません。すべてを含む祈りをして、得ても得なくてもどうでもいいようであってはいけません。

初信者は祈るという学課を学ばなければなりません。しかも祈るには一つの特定の目標がなければなりません。「あなたがたが得ることがないのは、求めないからです」(ヤコブ四・二)。多くの人には祈るという行為はあります。しかし、求めるものがないのです。神の御前で一時間を費やし、二時間を費やし、さらには八日も十日も費やしながら、何も求めないのです。これは役に立ちません。あなたは神の御前で求めるものを持ち、門をたたき、真に一つの門をたたかなければなりません。はっきり見定め、入ろうとするなら、その門をたたきなさい。一つのものを捜すのであって、何でもよいのではありません。一つの特定のものを求めるのです。ある兄弟姉妹のように、集会で立ち上がって二十分も三十分も祈ってはいけません。後になってその人に、「あなたは何が欲しいのですか?」と尋ねれば、彼は「わかりません」と言うでしょう。多くの人は、長く祈ることを学びますが、何も求めません。これは本当におかしなことです。

あなたは明確に祈ることを学ぶべきです。神が聞かれたことをあなたは知ります。神が聞かれなかったこともあなたは知ります。そうでなければ、神が聞かれても聞かれなくても同じで、どうでもいいのであって、後で問題に出遭ってそれから祈りに行っても駄目なのです。大ざっぱな祈りは、実際に必要がある時には役に立ちません。祈りが大ざっぱで、問題が明確である時、その問題を解決する方法はありません。明確な祈りがあってこそ、その明確な問題を対処することができるのです。

B　悪い求め方をしてはいけない

わたしたちは神の御前で求めるべきですが、二番目の条件があります。それは悪い求め方をしないことです。「求めても得られないのは……悪い求め方をするからです」(ヤコブ四・三)。わたしたちは必要があるから神に求めるのであって、何の理由もなしに、度を超えて気ままに求めることはできません。自分の欲望や肉にしたがって、不必要な事物を勝手に求めてはいけません。そうでないと、それはむなしい祈りになってしまいます。多くの時、神がわたしたちに与えられるのは、「わたしたちが求め、また思うすべてを、はるかに超えて豊かに」です(エペソ三・二〇)。しかし、それは別のことです。

悪い求め方をするとは、あなたの度量を超えて、あなたの必要を超えて、あなたの真の欠乏を超えて求めることです。あなたに必要があれば、神に求めることができます。あなたの必要がこれだけなら、神がそれだけ与えられるように求めます。あなたの必要を超えて求めることは、悪い求め方をすることです。あなたに大きな必要があるなら、その必要にしたがって与えてくださるように神に求めてもよいのです。必要がそんなに多くないのに多くを求めるなら、それは悪い求め方です。あなたの度量、あなたの必要、あなたの欠乏にしたがって求めるのであって、自分勝手にこのように、あのようにと求めるのではありません。気ままに求めることは悪い求め方であり、神の答えを得ることができません。神の御前で悪い求め方をすることは、四歳の子供が父親に「天の月が欲しい」と言うようなものです。神は、人の悪い求め方をする祈りを聞きたくないのです。どのクリスチャンも自分の正当な範囲内で祈ることを学ぶべきであって、いたずらに大きな口を開けて、実際の必要を超えるようであってはなりません。

C　罪を対処する

ある人は、求めることは求め、また悪い求め方もしないのですが、それでも神は彼の祈りを聞かれません。それは、基本的な妨げ、すなわち彼と神との間に罪があるという妨げによります。「もし、わたしが心の中で罪科を考えていたなら、主は聞かれない」(詩六六・十八)。人がもし心に不義をいだいていながら、惜しくて心にとどめ置いていることをはっきりと知っているなら(この「心」という言葉に注意してください)、主は聞き入れてくださいません。この大きな妨げがあるために、主はその人に聞くことができないのです。

「心の中で罪科を考えていたなら」とはどういうことでしょうか？　それは捨てるに忍びないある罪があることです。自分では知っているのに、心の中に保留している罪があることです。行為において、外側の現れにおいてこの弱さがあるだけでなく、心に抱いているのです。ローマ人への手紙第七章のかの人は異なっています。彼は失敗しますが、自分が行なった事を憎んでいます。ここの人は、心に罪科をいだき、その罪科を残したままにし、捨て切れず、手放し切れないでいます。その罪は、行為の上で手放し切れないばかりか、心の中でも手放せないのです。このような人の祈りを主は聞かれません。一つの罪があるだけで、あなたの祈りが神に聞かれないほどの十分な妨げになるのです。ですから、わたしたちは捨て切れないような罪も何も心にとどめ置いてはなりません。あらゆる罪をすべて罪と認め、それらをすべて血の下に置かなければなりません。主はわたしたちの弱さを思いやってくださいます。しかし、わたしたちが心に罪科をいだいていることを、放任することはなさいません。たとえあなたが表面的にはすべての罪を離脱していても、心に罪科をいだき、捨て切れず、手放せないなら、祈っても役に立ちません。ですから、クリスチャンになったらすぐに、主の恵みを求め、わたしたちが倒れないよう守っていただき、行為において聖別されるようにすべきです。同時に心の中では、必ず徹底的にあらゆる罪を憎むべきであって、心の中に一つの罪も保留してはなりません。罪があなたの中にあるなら、祈っても無駄であり、主は決してその祈りを聞かれません。

箴言第二八章十三節は言います、「自分の違反を覆《おお》う者は栄えることがない。しかし、告白してそれを捨てる者はあわれみを得る」。罪は必ず告白して、主に対して言わなければなりません。あなたは主に言わなければなりません、「心にいだいていた罪を、わたしは手放せないでいました。今わたしを赦してくださいますように。わたしはそれを捨てたいです。この罪から離れるようにわたしを救ってください。わたしの上にこの罪があるままにしないでください。それは必要ありません。わたしはそれを拒絶します」。あなたが神の御前で告白するなら、主はあなたを赦してください。そしてあなたは赦しを受けます。そうすれば、あなたの祈りは神に聞かれます。この事においては、絶対にあいまいであってはなりません。求めなければ得られません。悪い求め方をしても得られません。求めて、しかも悪い求め方をしなくても、ひそかに心の中に好きな罪、大切にしている罪を残しておくなら、主はあなたの祈りを決して聞かれないでしょう。

D　信じる

もう一つの条件があります。それは積極面で信じるべきであることです。これも欠けてはならないことで、それがなければ祈りに効果はありません。マルコによる福音書第十一章の物語で祈りのことが語られていますが、そこでは信じるべきであることがとてもはっきりしています。主イエスは言われました、「あなたがたが祈って求めるものはすべて、受けたと信じなさい。そうすれば、そのとおりになる」(二四節)。祈る時、信じるのです。もう受けたと信じるなら、そのとおりになります。主を信じたら、一週間以内に信じるとはどういうことかを知って欲しいと思います。主はここで、受けたと信じるなら、そのとおりになると言われました。「必ず受ける」と信じるのではなく、「もう受けた」と信じるのです。主イエスが言われた「信じる」は、「受けた」にかかっています。信じるとはどういうことでしょうか？　それは、もう受けたと信じることです。

クリスチャンはよく間違えてしまいます。この「信じる」を、「もう受けた」から取り外して、「そのとおりになる」の下にくっつけてしまうのです。彼らは、「そのとおりになると信じる」ことはとても大きな信仰であるとして、主に祈ります。彼らは、この山が海へ移されるように、必ず海へ移されるであろうと信じて主に祈ります。この信仰は大したものだとしているのです。しかしこれは、信じるを「もう受けた」から取り外して、「そのとおりになる」にくっつけたことです。聖書はここで言っていますが、わたしたちの信仰は「もう受けた」と信じることであって、「そのとおりになる」と信じることではありません。この二つは絶対に異なっています。これは初信者が必ず学ぶべきであるだけでなく、長年信じている人もさらに学ばなければならないことです。

信仰とは何でしょうか？　信仰とは、神があなたの祈りをすでに聞かれたという確信であって、神がいつか祈りを聞いてくださるであろう、ということではありません。あなたがひざまずいて祈っている時、ある時点になって「神に感謝します！神はわたしの祈りを聞いてくださいました。神に感謝します！　この事はもう解決しました」と言ってしまいます。これが信仰であり、これが「もう受けた」です。あなたはひざまずいて祈り、立ち上がって、「わたしは神がきっとわたしの祈りを聞いてくださると信じます」と言うかもしれません。この「きっと」はよくありません。あなたが何回信じても効果はありません。例えば、あなたが一人の病人のために祈るとします。彼は「神に感謝します！　わたしはいやされました」と言います。熱はまだ高く、少しの変化もないのですが、彼の内側ではっきりしていさえすれば、もう何の問題もないのです。もし彼が「ああ、わたしは主がきっとこの病気をいやしてくださると信じます」と言うなら、その次になおも多くの「信じる」がなければならなくなります。主イエスは言われました、「受けたと信じなさい。そうすれば、そのとおりになる」。そのとおりになると信じれば、そのとおりになる、と言われたのではありません。前後の言葉を逆にしてはいけません。兄弟姉妹よ、こつがわかりましたでしょうか？　真の信仰はみな「すでに成った」であって、すべて神が祈りを聞かれたことに感謝するものです。

信仰とはどういうことでしょうか？　もう少し付け加えたいと思います。病がいやされるようなことについては、マルコによる福音書から具体的な例を見いだして、何が信じることかを説明できるでしょう。マルコによる福音書には、祈りに関して特に役に立つ三句の言葉があります。第一は主の力の問題であり、第二は主のみころの問題であり、第三は主の行為の問題です。

1　主の力――神はできる

まずマルコによる福音書第九章二一節から二三節を見てみましょう、「イエスは彼の父親に問われた、『このようになったのは、いつごろからか?』。彼は言った、『幼い時からです。霊はしばしばこの子を、火の中や水の中に倒して、滅ぼそうとするのです。しかし、もしあなたに何かできるのでしたら、わたしたちをあわれんでお助けください』。イエスは彼に言われた、『「もしあなたにできるなら」と言うか。信じる者にはすべての事ができるのだ』」。二二節は言います、「もしあなたに何かできるのでしたら」。「できるのでしたら」という字の脇に丸じるしを付けてもよいでしょう。二三節の「もしあなたにできるなら」の所にも丸じるしを付けましょう。その父親は主イエスに、「もしあなたに何かできるのでしたら、わたしたちをあわれんでお助けください」と言いました。主イエスは彼の言葉に基づき、「もしあなたにできるなら」

と言われました。主イエスの言われた「もしあなたにできるなら」は、あの父親の言ったこと「もしあなたに何かできるのでしたら」です。主イエスはあの父親の言ったことを繰り返して言われたのです。父親は言いました、「もしあなたに何かできるのでしたら、わたしたちをあわれんでお助けください」。主イエスは言われました、「『もしあなたにできるなら』と言うか。信じる者にはすべての事ができるのだ」。ここでは、「もしできるなら」の問題ではなく、信じるか信じないかの問題です。

第一に解決しなければならない問題は、人は困難の中にある時、疑いに満ち、神の力を信じることができないということです。困難の強さが神の力よりも大きいかのようです。しかし、この父親が神の力を疑った時、主イエスは彼を責められました。聖書の中で、主イエスがこの時のように人の言葉を遮って語られたことはあまりありません。主イエスは、「『もしあなたにできるなら』と言うか」と言われました。主はその時あたかも怒られたかのようです。父親が「もしあなたに何かできるのでしたら、わたしたちをあわれんでお助けください」と言った時、主イエスは彼を責められたのですが、その意味はこうです、「どうして『もしあなたにできるなら』と言うのか？『もしあなたにできるなら』とはどういうことか？ 信じる者にはすべての事ができるのだ！　これは『もしできれば』の問題ではなく、信じるか信じないかの問題である。どうしてわたしができるかできないかを問うのか！」。ですから、神の子たちは祈る時、頭をもたげて、「主よ！　あなたはおできになります」と言うことを学ばなければなりません。

マルコによる福音書第二章は、主が中風《ちゅうぶ》の者をいやされたことを記載しています。主はその中風の者に、「子よ、あなたの罪は赦されている」(五節)と言われました。ところが、何人かの律法学者が心の中で論じて言いました、「なぜこの人は、そのように言うのだろう？　彼は冒とくしている！　神おひとりのほか、だれが罪を赦すことができようか？」(七節)。彼らは、神だけが罪を赦すことができ、あなたという人にはそれはできない、と心の中で思っていました。彼らの考えでは、罪を赦すのは難しい問題でした。しかし、主は彼らに次のように言われました、「なぜあなたがたは、心の中でこれらの事について論じているのか？　この中風の者に、『あなたの罪は赦されている』と言うのと、『起きなさい。あなたの床を取り上げて歩きなさい』と言うのと、どちらがたやすいか？」。人は、この事柄の問題ができるかできないかであるとしますが、主にあってはできるかできないかの問題は無いのであって、どちらがたやすいかの問題であることを、主は彼らに見せたかったのです。人から見れば、罪を赦すことと、中風の者に起きて歩かせることは、両方とも不可能でした。しかし主は、ご自身が罪を赦すことができ、中風の者に起きて歩かせることもできることを、見せられました。罪を赦すことであれ、中風の者に起きて歩かせることであれ、主にとってはみなたやすいことです。主がここでなさったのは、「神はできる」ということをわたしたちに見せることでした。ですから、わたしたちは祈りにおいて「神はできる」ということを認識すべきです。主にあっては何も「難しい」事はありません！

2　主の意志——神はそうされる

確かに彼はおできになります。しかし、どのようにしてわたしは、主がわたしをいやしてくださるかを知るのでしょうか？　わたしは主の意志を知りません。主はわたしをいやしてくださるかもしれないし、いやしてくださらないかもしれません。どうしたらいいのでしょうか？　もう一つの物語を見てみましょう。マルコによる福音書第一章四一節は言います、「イエスは深く同情して、手を伸ばして彼に触れ、そして言われた、『わたしはそのつもりである。清められなさい！』」。ここは、神ができるかできないかの問題ではなく、神がしてくださるかどうかの問題です。神の力がどんなに大きくても、もし神がいやそうとされなければ何の役に立つでしょうか？　もし神にわたしたちの病をいやす気持ちがなければ、神の力がどんなに大きくても、それはわたしたちと何の関係もありません。ですから、解決を要する第一の問題は、神ができるということであり、解決を要する第二の問題は、神がしてくださるという問題です。主イエスはらい病人に向かって、「わたしはそのつもりである」（直訳は、わたしはそうする）と言われました。旧約は、らい病が一種のとても汚れた病であることを告げています（レビ第十三章、第十四章）。らい病人に触れる人はだれでも、その汚れに染まります。しかし、主の愛はとても大きいので、主は言われます、「そうしてあげよう」。主イエスが手を伸ばして彼に触れると、彼は清くなりました。らい病人は主に求め、主は彼を清くされました。わたしたちの病を主がいやそうとされないことなどあるでしょうか？　わたしたちの祈りに主が答えようとされないことがあるでしょうか？　ですからわたしたちは、「神はできる」、「神はそうしてくださる」と言うことができます。

3　主の行為——神はすでに成された

「神はできる」、「神はしてくださる」と知っただけではまだ不十分です。もう一つ知らなければならないのは、「神はすでに成された」です。これには、先に取り上げたマルコによる福音書第十一章二四節の言葉に戻らなければなりません、「あなたがたが祈って求めるものはすべて、受けたと信じなさい。そうすれば、そのとおりになる」。ここでは、神がすでに成されたことについて述べています。

信仰とは何でしょうか？　信仰とは、「神はできる」、「神はそうされる」と信じるだけでなく、「神はすでに成された」、「神はすでに成し遂げられた」と信じることです。あなたがもう受けたと信じるなら、そのとおりになります。神が言葉を与えてくださり、あなたが信じることができ、確信をもって、「神はできる」、「神はそうされる」と知ったなら、あなたは神に感謝して、「神はすでに成された！」と言うべきです。多くの人はこの点があいまいです。ずっと得ることを待ち望み続けているため、祈りが答えられないのです。しかし、待ち望むのは、将来の事を期待することであり、信じるのは、ある事をすでに成されたと考えることです。すべて真実な信仰は次のように言うことができます、「神に感謝します。神はすでにわたしの病をいやしてくださいました！　神に感謝します。わたしは得ました！　神に感謝します。わたしは清くなりました！　神に感謝します。わたしはよくなりました！」。ですから、信仰が完全である時、「神はできる」、「神はそうされる」と言うことができるだけでなく、「神はすでに成された」と言うことができるのです。

神はすでに祈りを聞かれました！　神はもう成し遂げられたのです！　もう受けたと信じるなら、そのとおりになるのです。多くの時、わたしたちの信仰は、「受けるであろう」の信仰です。ですから、一向に得ないのです。わたしたちには、「すでに受けた」の信仰を持つべきです。信仰はすべて「すでに」であり、「であろう」を言っているのではありません。

簡単な例えを挙げてみましょう。一人の人が福音を聞きました。あなたがその人に「主イエスを信じましたか？」と尋ねると、彼は「信じました」と言います。今度は、「救われましたか？」と聞くと、彼は「わたしは救われるはずです」と言います。これでは駄目です。もう一度、「あなたは救われましたか？」と問うと、彼は「わたしは必ず救われます」と言います。これでもいけないことを、あなたは知っています。再び彼に、「あなたは本当に必ず救われるのですか?」と聞くと、彼は「わたしは必ず救われるはずだと思います」と言います。こんな話を聞けば、その味わいは間違っていると感じるものです。彼は、自分は救われる「はずだ」とか、「必ず」救われるとか、「必ず救われるはずである」とか言いますが、その味わいはいずれにしても正しくありません。もし彼が「わたしは救われました」と言うなら、その味わいこそ正しいのです。人は信じたら、救われたのです。同様に、あらゆる信仰は、すでに達成されたことを信じるのです。信じたら、すぐに「神に感謝します。わたしはもう受けました」と言うべきです。わたしたちはこの三つ、「神はできる」、「神はそうされる」、「神はすでに成された」をしっかり捕らえる必要があります。

信仰は決して心理作用ではありません。信仰は、神の言葉を受けることであり、「神はできる」、「神はそうされる」、「神はすでに成された」を把握をもって信じることです。もし神の言葉を受けていないなら、決して霊的な冒険をして神を試みてはなりません。心理作用は信仰ではありません。病気について言えば、真実な信仰によって神のいやしを得たものであれば、医者に行って調べられることを恐れません(マルコ一・四四)。確かに神によっていやされた人は、医者に調べてもらい、その結果、心理作用ではないことと、本当にすでにいやしを得たことが必ず証明されます。

初信者の兄弟姉妹が学びを始める時は、祈りを二段階に分けます。第一段階は、約束がないところから祈って約束を得るまで、神の言葉がないところから祈って神の言葉を得るまでです。すべての祈りは開始の時、みな神に求めるものであって、ずっと求め、三年、五年と費やしてもずっと求めていかなければなりません。ある祈りはたった一分で神が聞いてくださり、ある祈りは長年たっても神は聞いてくださいません。この第一段階は求める期間です。第二段階は、約束があって、その約束が実現するまでです。神の言葉を受けてから、その言葉が成就するまでです。この段階は賛美の期間です。この段階では、祈り求めるのではなく、賛美すべきです。第一段階では祈り求め、第二段階では賛美します。第一段階は、言葉がないところから祈って言葉があるまで、第二段階は、言葉があったらすぐ主を賛美し、求めていた物が手に入るまで賛美し続けます。これが祈りの秘訣です。

ある人たちが理解している祈りには二点しかありません。一点は、わたしは持っていない、わたしはひざまずいて祈る、もう一点はわたしは得た、神がわたしに与えたです。例えば、わたしが主の御前で腕時計を与えてくださるよう求めるとします。幾日かたって、主はわたしに一つの腕時計をくださいました。これは、空手から物があるようになったという二点があるだけです。しかし、その間にもう一点、わたしたちが信じるということがあります。ある人たちはこれを知りません。わたしは祈って腕時計を求めます。ある日わたしは、「神に感謝します。神はすでにわたしの祈りを聞かれました」と言います。わたしの内側では、得たことがはっきりしました。わたしは依然として両手に何も持っていませんが、幾日かたつと腕時計は手に入るのです。腕時計があるかないかの二点を見るだけではいけません。三点あることを見なければなりません。腕時計があることと腕時計がないこととの間に、もう一点、神が言葉を与えられた、約束してくださった、わたしは信じた、わたしは喜んだ、があるのです。あるいは三日目になってやっと腕時計が手に入るかもしれません。しかし、霊の中では三日前にすでに得ているのです。クリスチャンには、この霊の中で得るということがあるべきです。霊の中で得たこの種の感覚がなければ、それは信仰がないことです。

初信者の人たちが何を信仰と言うかを知ることができますように。またいかに祈るかを学びますように。あるいは三日、五日、一か月、一年とずっと祈り続けても、やはり両手は空っぽかもしれません。しかし、心の中である確信があり、事は成ったと感じるなら、その時は賛美すべきであり、物が手に入るまでずっと賛美し続けるのです。簡単に言うと、第一段階は、物がないところから祈って信仰を得ることであり、第二段階は信仰を得てから物を得るまで賛美することです。

なぜ二つの段階に分けるのでしょうか？　それは、物がないところから祈って信仰を得たのに、もしまた祈り求めるなら、信仰はかえって逃げ去るからです。ですから、信仰を得たならすぐに賛美しなければなりません。もしさらに祈り求めるなら、信仰を得たところから信仰のない状態に戻ってしまい、物も得られません。「そのとおりになる」とは、手の中で得ることであり、「もう受けた」は霊の中で得ることです。信仰があって物がまだない時、賛美をもって神に催促すべきであり、祈り求めることによって神に催促するのではありません。神が与えると言われたのに、わたしたちがまだ何か言うことができるでしょうか？　あなたの内側に「すでに受けた」という確信があるのに、まだ何かを求めるのでしょうか？　多くのクリスチャンは次のような経験を持っています。すなわち、祈り求めていったん信仰を得ると、もはや祈り求め続けることはできないという経験です。「主よ！　わたしはあなたを賛美します」と言い得るだけです。あなたはその信仰をしっかり守って、賛美し、「主よ！　あなたを賛美します。あなたはわたしの祈りを聞いてくださいました」、「主よ！　あなたを賛美します。あなたは一か月前にすでにわたしの祈りを聞いてくださいました」と言うのです。そうすれば、あなたは必ず得ます。残念なことに、ある人は知識に欠けており、神がすでに約束されたのになお祈り求めています。反対に、信仰が失われてしまうまで祈り求めてしまいます。これはとても大きな損失です。

マルコによる福音書第十一章二四節の言葉は何と尊いことでしょう。何が信仰かをこの箇所ほど徹底的に明らかにしている所は全新約を通じて他にありません。「あなたがたが祈って求めるものはすべて、受けたと信じなさい。そうすれば、そのとおりになる」。人がもしこの事を見ることができたなら、何が祈りかを真に知ることもできます。そして祈りはその人の上で力強いものとなるでしょう。

E　ずっと求め続ける

祈りには、注意しなければならないもう一つの点があります。それは、継続しなければならず、やめてはならないということです。ルカによる福音書第十八章一節は言います「彼らが絶えず祈るべきであり、また失望しないように」。ある祈りは、ずっと祈り続ける必要があります。主が煩わしいと感じ、わたしたちの祈りを聞かないではいられなくなる程度にまで祈り込むのです。これもまた一種の信仰です。

主は「しかし、人の子が来る時、地上に信仰を見いだすであろうか?」(八節)と言われました。この信仰は、前に述べたものと同じではありませんが、それらは決して矛盾するものではありません。マルコによる福音書は、信仰を得るまで祈らなければならないと言い、ここではずっと求め続けなければならないと言っています。わたしは信じているがゆえに、神の御前でずっと祈り続け、ある日、神がしないではおれなくなるまで祈るのです。約束があろうとなかろうと、わたしたちは気にかけません。わたしたちは、神がしないではおれなくなるまで祈るべきです。

多くの人の祈りは長続きしません。一日祈り、二日祈り、三か月たつと忘れてしまいます。二度と祈らない人さえいますが、その人はもともと欲していないのです。二回祈り、三回祈り、五回祈り、さらに変わらずに十回祈った祈りがどれだけあるか、数えてみてください。自分でさえ多くの祈りを忘れてしまっているのに、それでも神がそれを聞いてくださることを期待しているのでしょうか？　自分で気のない祈りをしながら、どうして神が聞いてくださることを望むことができましょうか？　自分が祈ったことを忘れているのに、神に覚えてもらい、答えて欲しいと要求できるでしょうか？　実は、あなたは根本的に求めていなかったのです。真に求める者だけが、根気強く祈ることができるのです。そうでなければ、祈りを継続することはできません。ある種の切迫した環境にあり、ある必要な状況の下にあって、心がそれによって動かされてこそ、ずっと祈り続けることができるのです。そのような場合、あなたは数十年たっても忘れられず、あきらめずに祈り続けるでしょう、「主よ！　あなたがしてくださらなければ、わたしはずっと求め続けます」。

何か一つのものが必要なら、神を煩わせるべきです。本当に必要なら、神が聞いてくださるまで求め続けなければなりません。神が聞かないわけにはいかなくなるまで、神が必ず聞いてくださるまで、求め続けていくのです。

三　祈りを実行する方法

一番いいのは、すべてのクリスチャンが一冊の祈りのノートを用意することです。

一年に一冊を用意し、祈りを記します。各ページを四つの項目に区切ります。第一項目は祈り始めた日付、第二項目は祈る事柄、第三項目は答えられた日付、第四項目は神がどのように祈りを聞かれたかです。こうすれば、一年の間にどれだけあなたが神に要求し、どれだけ神が聞かれたか、まだどれだけ残っているかがわかります。初信者のクリスチャンは必ず一冊のノートが必要です。主を信じて久しい兄弟姉妹も、祈りのノートを持つことはとてもいいことです。

祈りのノートをつけることは大いに役立ちます。あなたの祈りが神に聞かれているかどうかを知ることができます。神の答えが止まったら、必ずあなたに欠陥があります。クリスチャンが熱心になって主に仕えることは、とても良いことです。しかし、もし祈りが答えられていなければ、それは役に立ちません。というのは、もし神の側の道が通じていなければ、人の側の道も通じないからです。神の御前で力がなければ、人の前でも力がありません。神の御前で力のある人となることを尋ね求めてこそ、人の前で役に立つことができます。

ある兄弟は、一度に百四十人の名前を記し、彼らの救いのために祈りました。ある人は午前に書き込んだら、午後に救われました。十八か月後、二人だけ救われていませんでした。これはとても良い模範です。神が祈りのノートをつけるクリスチャンを多く得られますように。あなたもこの方法を実行できますように。あなたが何件祈ったか、そして神は何件聞いてくださったか、一項目、一項目と書き込んでいってください。ノートに記された祈りはすべて、神の答えを得るまでずっと祈り続けなければなりません。神が、あなたのその祈りは彼のみこころではないと示された時だけ、停止するのです。それ以外は、得るまで祈り続け、決してたるんではいけません。最初から厳格に訓練すべきです。神の御前でこのように真剣に行ない、得るまでずっと祈り続けていかなければなりません。

祈りのノートを用いる時に注意すべきことがあります。ある事柄は毎日祈る必要がありますが、ある事柄は一週間に一回祈ればいいことです。これは、あなたの祈る項目がどれだけあるかで決まります。あなたの求めるものが少ない場合、ノートに書かれた項目を毎日祈ることができます。項目が多ければ少し工夫して、月曜日には何項目から何項目まで祈り、火曜日には何項目から何項目まで祈ることにします。他の事をするのに時間を割り当てるのと同様に、毎日もっぱら祈るための時間を持つべきです。明確な祈りがなければ、わたしたちは祈りのノートを必要としないでしょう。祈りが明確なものであれば、わたしたちは一冊の祈りのノートを必要とするでしょう。このノートを、聖書と詩歌と一緒に置いておき、毎日使います。日がたったら、いったいどれだけの祈りが答えられ、どんな祈りがまだ答えられていないかを数えてみたらいいでしょう。常に祈りのノートにしたがって明確に祈れば、祝福を受けます。

マタイによる福音書第六章で主が教えておられる祈りと、テモテへの第一の手紙第二章で述べられている祈り、そして教会のために神が光、命、恵み、賜物を与えてくださるよう求める祈りなどは、みな大きな事柄ですから、普通の祈りの項目の中に並べないで、日ごとに神の御前で祈り求める必要があります。

祈りには、祈る側と祈られる側の両側があります。多くの時、祈られる側に変化して欲しいなら、祈る側の人がまず変化しなければなりません。もし相手側に一向に状態の変化が見られないなら、こちら側は神の御前で尋ね求めて言わなければなりません、「主よ！　わたしにはどんな変化が必要なのでしょうか？　わたしにまだ対処していない罪があるのでしょうか？　手放さなければならない好みが何かあるのでしょうか？　わたしは本当に信仰の学課を学んでいるでしょうか？　あるいは、わたしには何か別に学ぶべきことがあるのでしょうか?」。もしわたしたちの側で変化が必要なら、先に変化しなければなりません。自分が変化していないのに、祈っている相手側の変化を期待することはできません。

人は主を信じたらすぐに、祈りの学課を真剣に学ぶべきです。祈りの学課がよく学べたら、神に対して一層深い認識を持つことができますし、豊かな前途を持つことができます。

祈り

2012 年 3 月 1 日　初版印刷発行　定価 250 円（本体 238 円）

著　者　ウ　オ　ッ　チ　マ　ン・ニ　ー

発行所　J G W 日　本　福　音　書　房
〒 151-0053 東 京 都 渋 谷 区 代 々 木 1-40-4
TEL 03-3373-7202　FAX 03-3373-7203
（本のご注文）TEL 03-3370-3916　FAX 03-3320-0927
振替口座００１２０－３－２２８８３

落丁・乱丁の際はお取りかえいたします。

ISBN978-4-89061-624-4 C0016 ¥238E